AF595187

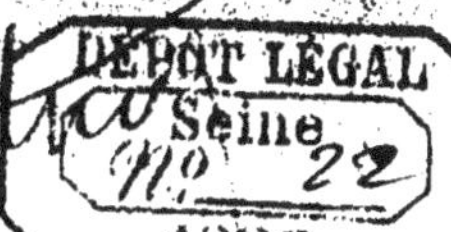

MUSÉE PEDAGOGIQUE
ET
BIBLIOTHÈQUE CENTRALE DE L'ENSEIGNEMENT PRIMAIRE

MÉMOIRES
ET
DOCUMENTS SCOLAIRES

PUBLIÉS PAR LE MUSÉE PÉDAGOGIQUE

Fascicule N° 44

L'HISTOIRE DES MOTS

PAR

Michel BRÉAL

PARIS

Aux bureaux de la Revue pédagogique
CH. DELAGRAVE,
ÉDITEUR,
Rue Soufflot, 15.

HACHETTE ET Cie,
ÉDITEURS,
Boulevard Saint-Germain, 79.

MÉMOIRES ET DOCUMENTS SCOLAIRES

PUBLIÉS PAR LE MUSÉE PÉDAGOGIQUE

Sous le titre de **Mémoires et Documents scolaires**, le Musée pédagogique publie, à intervalles irréguliers, des travaux ou documents intéressant l'instruction publique à ses divers degrés. Les fascicules suivants ont déjà paru et sont en vente aux bureaux de la *Revue pédagogique*, librairie Ch. Delagrave, 15, rue Soufflot, à Paris, et à la librairie Hachette et Cie, 79, boulevard Saint-Germain :

Fascicule n° 1 :

Le projet de loi sur l'organisation de l'enseignement primaire (1882-1884), recueil de documents parlementaires relatifs à la discussion de cette loi à la Chambre des députés. Un fort volume in-8° de XII-832 pages. Prix . . . . 6f »

Fascicule n° 2 :

Une acquisition de la bibliothèque du Musée pédagogique: *Dialogus Jacobi Fabri Stapulensis in phisicam introductionem. Introductio in phisicam Aristotelis;* in-quarto, imprimé en 1510 chez Jean Haller, à Cracovie. Etude bibliographique et pédagogique, par *L. Massebieau* (Extrait de la *Revue pédagogique*, n° du 15 mai 1885). Une brochure in-8°. Prix 0f 50

Fascicule n° 3 :

Répertoire des ouvrages pédagogiques du XVIe siècle *(Bibliothèques de Paris et des départements)*. Un volume in-8° de 700 pages, imprimé à l'Imprimerie nationale. Prix . . . . 6f »

Fascicule n° 4 :

L'enseignement expérimental des sciences à l'école normale et à l'école primaire, par *René Leblanc* (Extrait de la *Revue pédagogique*, nos du 15 février et du 15 mai 1883, et du 15 août 1885). Une brochure in-8°. Prix 0f 80

Fascicule n° 5 :

Compte rendu officiel du Congrès international d'instituteurs et d'institutrices, tenu au Havre du 6 au 10 septembre 1885. Un volume in-8° de 212 pages, imprimé à l'Imprimerie nationale. Prix . . . . 2f »

Fascicule n° 6 :

Règlements et programmes d'études des écoles normales d'instituteurs et d'institutrices. Un volume in-8° de 126 pages, imprimé à l'Imprimerie nationale. Prix 1f 25

Fascicule n° 7 :

Schola Aquitanica : Programme d'études du collège de Guyenne au XVIe siècle, réimprimé avec une préface, une traduction française et des notes, par *L. Massebieau*. Une brochure in-8°. Prix. 1f 80

Fascicule n° 8 :

Instruction spéciale sur l'enseignement du travail manuel dans les écoles normales d'instituteurs et les écoles primaires élémentaires et supérieures. Une brochure in-8°, imprimée à l'Imprimerie nationale. Prix 0f 70

L'HISTOIRE

DES MOTS

PAR

Michel BRÉAL

PARIS
LIBRAIRIE CH. DELAGRAVE
15, RUE SOUFFLOT, 15

1887

L'HISTOIRE DES MOTS

Sous ce titre : *La vie des mots étudiée dans leurs significations*, un professeur de la Sorbonne, romaniste distingué, M. A. Darmesteter, vient d'écrire un agréable petit livre, bien fait pour ajouter à la popularité des études de linguistique. Ce volume a surtout un mérite à nos yeux : il est facile, il est amusant à lire. Nous voyons successivement comment naissent les mots, comment ils vivent entre eux, comment ils meurent. Il s'agit du sens des mots, non des transformations de la forme, lesquelles appartiennent à un autre chapitre de la science. De toutes les parties de la linguistique, c'est certainement la plus propre à intéresser le grand public. Ici, tout appareil de haute érudition serait déplacé. Les faits qu'il s'agit d'observer n'ont rien de bien mystérieux. Ordinairement les changements survenus dans le sens des mots sont l'ouvrage du peuple, et comme partout où l'intelligence populaire est en jeu, il faut s'attendre, non à une grande profondeur de réflexion, mais à des intuitions, à des associations d'idées, — quelquefois inattendues et bizarres, — mais toujours aisées à suivre. C'est donc à un spectacle curieux et attachant que nous convie cette histoire.

Cependant, sous l'aspect varié et changeant qu'elle présente, un esprit qui ne se contente pas des apparences peut désirer pénétrer jusqu'à la cause première, qui n'est autre que l'intelligence humaine : car de dire que les mots naissent, vivent entre eux et meurent, cela est, n'est-il point vrai ? pure métaphore. Parler de la vie du langage, appeler les langues des organismes vivants, c'est user de figures qui peuvent servir à nous faire mieux comprendre, mais qui, si nous les prenions à la lettre, nous transporteraient en plein rêve. M. Darmesteter ne s'est peut-être pas toujours assez défié de cette sorte de mise en scène. Comme il est plus aisé aux hommes d'observer les objets extérieurs que de lire en eux-mêmes, nous raisonnons sur les produits de l'intelligence plus volontiers que sur la faculté dont ils émanent. Mais tout en nous laissant aller, pour la facilité du discours, à cette pente naturelle, il est bon de corriger de temps à autre l'illusion. Ne craignons pas de regarder quelquefois l'intérieur de l'instrument auquel nous devons ces projections : hors de notre esprit, le langage n'a ni vie ni réalité.

Presque en même temps que le livre dont nous parlons paraissait en Allemagne la seconde édition d'un ouvrage un peu savant, un peu ardu, un peu touffu, qui discute, entre autres questions, celle qu'a traitée M. Darmesteter.

Nous voulons parler des *Principes de linguistique* de M. Hermann Paul. L'auteur est professeur de langue et de littérature allemande à l'université de Fribourg. Avec une exactitude dont il faut lui savoir gré, quoique son exposition soit grise et terne, il écarte ces idées d'organisme et de vie sous lesquelles se déguise la vérité, et il s'applique à rechercher les faits intellectuels qui ont pour effet de transformer le langage. Au fond, ces deux ouvrages se complètent l'un l'autre. Ils appartiennent tous deux à une branche d'étude dont l'auteur de cet article peut se vanter d'avoir été le parrain, et dont, à diverses reprises, il a esquissé quelques parties : ce sont des livres de sémantique (1). Voyons ce qu'ils nous apprennent.

I

Par une coïncidence remarquable, les deux auteurs se sont d'abord rencontrés sur un point : c'est que chacun, quoique ayant sans doute à son service un assez grand nombre d'idiomes, a

(1) Du verbe grec *semaino*, signifier. La sémantique s'occupe des sens, par opposition à la phonétique, qui s'occupe des sons.

préféré prendre spécialement pour champ d'étude sa langue maternelle. C'est là une indication qui n'est pas sans valeur. La recherche dont il s'agit est de celles qui exigent une connaissance intime et directe du sujet : il n'en est pas ici comme de la phonétique ou de la morphologie. Les modifications survenues dans le corps du langage, telles que retranchement d'une lettre ou d'une syllabe, soudure d'une nouvelle flexion, remplacement d'une désinence par une autre, frappent les yeux à première vue; mais les observations dont s'occupe le sémantiste se dérobent un peu plus au regard. C'est surtout quand il faut noter l'impression faite par les mots sur l'esprit que se multiplient les chances d'erreur; elles sont presque inévitables en maniant une langue étrangère. Un écrivain allemand qui a touché à ces matières s'en va répétant de livre en livre que le mot français *ami* est loin d'avoir l'accent de sincérité ni la profondeur de l'allemand *Freund*. Prévention naïve, mais facile à comprendre! Il y a quelques années, un autre savant avait trouvé dans le français *merci* quelque chose de blessant et de bas: il pensait au latin *mercedem*. Ces sortes d'illusions montrent le danger; elles prouvent que le terrain le plus voisin est aussi le meilleur pour ce genre de recherche. Quand les lignes générales de la sémantique auront été tracées, on n'aura pas de peine à vérifier sur les autres idiomes les observations prises sur la langue maternelle. Les divisions générales une fois établies, on y fera entrer les faits de même ordre recueillis un peu partout.

Est-il possible de formuler les lois selon lesquelles le sens des mots se transforme? Après avoir lu nos deux auteurs, et en y joignant le résultat de nos propres observations, nous sommes disposés à répondre que non. La complexité des faits est telle, qu'elle échappe à toute règle certaine. Pour avoir le droit d'affirmer que cette partie du langage est régie par des lois, il faudrait pouvoir prédire, sinon d'une façon absolue, au moins dans quelques cas particuliers, les changements de signification qui s'accompliront pour tel ou tel mot dans un avenir plus ou moins prochain. C'est ainsi que le phonétiste peut annoncer la forme que doit avoir tel mot en espagnol, en italien, en français, si du latin il a passé par voie populaire dans ces langues. Or il est très clair pour tout le monde que le sémantiste ne se risquera pas de la sorte. Les changements qui surviennent dans le sens tiennent à des causes trop nombreuses, et dont la plupart ne sont pas du ressort de la linguistique. Qui aurait pu prévoir que Phaéton, le dieu du soleil, deviendrait le nom d'une voiture, et que plateforme entrerait dans le vocabulaire courant de la politique ? Pour deviner de tels sauts, dont nous pouvons bien suivre après coup la direction, mais qu'il est impossible de mesurer à l'avance, il faudrait connaître par anticipation les événements grands et petits, nécessaires ou fortuits, qui modifient la société humaine, les révolutions et les accidents auxquels est exposé notre univers physique, social et intellectuel.

Mais, s'il est impossible de découvrir des lois, il est possible de classer les faits selon un certain ordre et d'après certaines catégories. La sémantique en est donc à peu près au même point où nous voyons la météorologie, laquelle a également affaire à des phénomènes trop nombreux et trop complexes (quoique pourtant moins que la linguistique) pour avoir pu jusqu'à présent les soumettre à des principes : elle se contente d'assembler des observations, de les mettre dans le meilleur ordre, de dire, par exemple, que telle force naturelle a triomphé un jour, et telle autre le lendemain. Voilà précisément ce que nous faisons, avec cette différence que les forces dont nous parlons sont les facultés de l'homme et se trouvent en nous-mêmes.

Entrons donc, sans plus tarder, sur le domaine de la sémantique, et voyons quelques-unes des causes qui régissent ce monde de la parole.

Nous commencerons par un point qui a une vraie importance pour l'histoire des sens, et dont, jusqu'à ces dernières années, on n'avait pas tenu assez de compte : c'est l'action que les mots d'une langue exercent à distance les uns sur les autres. Un mot est amené à restreindre de plus en plus sa signification, parce qu'il a un collègue qui étend la sienne. Dans les dictionnaires, où chaque terme est étudié pour lui-même, nous n'apercevons pas bien le jeu de cette sorte de compensation et d'équilibre : c'est seulement dans les vocabulaires les plus récents et les plus développés, par exemple dans la continuation du dictionnaire de Grimm, que les auteurs ont commencé de faire une part à cette intéressante série de rapprochements. Ainsi le verbe traire avait dans l'ancienne langue française tous les emplois du latin *trahere :* on disait traire l'épée, traire l'aiguille, traire les cheveux. D'où vient qu'un terme si usité ait fini par être réduit à la seule signification qu'il a aujourd'hui, de traire les vaches, traire le lait ? C'est qu'un rival d'origine germanique, — tirer. — a, dans le cours des siècles, envahi et occupé tout son domaine. Notre esprit répugne à garder des richesses inutiles : il écarte peu à peu le superflu. Toutefois, et c'est là une observation sur laquelle M. Darmesteter a raison d'insister, un mot peut péricliter et même succomber, sans que ses composés et ses dérivés soient atteints. Comme témoins de l'ancien usage, nous avons encore les composés extraire, soustraire, distraire, les substantifs trait, attrait, retraite.

Pareille aventure est arrivée à muer, qui a dû céder la place, sauf un petit coin, à un nouveau venu, le verbe changer. Commuer et remuer ont survécu à la ruine de leur primitif. C'est également l'histoire de sevrer, que séparer a dépossédé presque entièrement. Cette sorte de lutte, ou, comme on l'appelle en langage darwinien, de concurrence vitale, est particulièrement frappante quand les deux concurrents sont, comme dans le dernier exemple, des enfants de même souche. Cette parenté d'origine ne change d'ailleurs rien au fond des choses.

Dans nos provinces du centre, vers le XVIe siècle, l'*r* placé entre deux voyelles prit le son d'un *s* ou d'un *z*. C'est ainsi que le latin *Oratorium*, qui a donné de nombreux noms de lieux, fait Ozoir en Eure-et-Loir, Ouzouer dans le Loiret. Le même accident de prononciation détermina le changement de chaire *(cathedra)* en chaise. Commines, au XVe siècle, disait encore : « Ladite demoiselle était en sa chaire et le duc de Clèves à côté d'elle. » La forme moderne ayant prévalu, l'ancien vocable a dû battre en retraite, ne se maintenant que pour désigner le siège du professeur ou du prédicateur.

Tout mot nouveau introduit dans la langue y cause une perturbation analogue à celle d'un être nouveau introduit dans le monde physique ou social. Il faut quelque temps pour que les choses s'accommodent et se tassent. D'abord l'esprit hésite entre les deux termes : c'est le commencement d'une période de fluctuation. Quand, pour marquer la pluralité, on s'habitua, au

XVIe siècle, à employer la périphrase beaucoup, l'ancien adjectif *moult* ne disparut point incontinent, mais il commença de vieillir. Puis, après toute sorte d'incertitudes et de contradictions, l'un des deux rivaux prend décidément l'avantage sur l'autre, distance son adversaire, le réduit à un petit nombre d'emplois, quand il ne l'efface pas absolument. En exposant ces faits, voici que nous tombons, à notre tour, dans le langage figuré que nous reprochions à M. Darmesteter, tant il s'offre naturellement à l'esprit. Mais tout le monde comprend bien qu'il est question de simples actes de notre esprit : quand, pour une raison ou pour une autre, nous avons commencé d'adopter un terme nouveau, nous le gravons peu à peu dans notre mémoire, nous le rendons familier à nos organes, nous le faisons passer des régions réfléchies dans les régions spontanées de notre intelligence, de sorte qu'il en est de ce terme nouveau comme d'un geste qui, par la répétition, nous devient propre, et finit à la longue par faire partie de notre personne.

A vrai dire, l'acquisition d'un mot nouveau, soit qu'il nous vienne de quelque idiome étranger, soit qu'il ait été formé par l'association de deux mots ou qu'il sorte tout à coup d'un coin ignoré de notre société, est chose relativement rare. Ce qui est infiniment plus fréquent, c'est l'application d'un mot déjà en usage à une idée nouvelle. Là réside, en réalité, le secret du renouvellement et de l'accroissement de nos langues. Il faut remarquer, en effet, que l'addition d'une signification nouvelle ne porte nullement atteinte à l'ancienne. Elles peuvent exister toutes deux, sans s'influencer ni se nuire. Plus une nation est avancée en culture, plus les termes dont elle se sert accumulent d'acceptions diverses. Est-ce pauvreté de la langue? est-ce stérilité d'invention? Les observateurs superficiels peuvent seuls le croire. Voici, en réalité, comment les choses se passent.

A mesure qu'une civilisation gagne en variété et en richesse, les occupations, les actes, les intérêts dont se compose la vie de la société se partagent entre différents groupes d'hommes : ni l'état d'esprit, ni la direction de l'activité ne sont les mêmes chez le prêtre, le soldat, l'homme politique, l'artiste, le marchand, l'agriculteur. Bien qu'ils aient hérité de la même langue, les mots se colorent chez eux d'une nuance distincte, laquelle s'y fixe et finit par y adhérer. Dans la langue des sanctuaires antiques, le verbe faire *(facere)* équivaut à « sacrifier ». Les temples jouissaient du droit d'asile : c'est ce qui explique pourquoi un arrivant est devenu synonyme d'un suppliant *(hiketès)*. L'habitude, le milieu, toute l'atmosphère ambiante déterminait le sens du mot et corrigeait ce qu'il avait de trop général. Les mots les plus larges sont par là même ceux qui ont le plus d'aptitude à se prêter à des usages nombreux. Nous voyons qu'aujourd'hui, devant une table de jeu, faire équivaut à mettre son enjeu, tandis qu'au théâtre, entre artistes, il équivaut à représenter un rôle. Au mot d'opération, s'il est prononcé par un chirurgien, nous voyons un patient, une plaie, des instruments pour couper et tailler; supposez un militaire qui parle, nous pensons à une armée en campagne; que ce soit un financier, nous comprenons qu'il s'agit de capitaux en mouvement; un maître de calcul, il est question d'additions et de soustractions. Chaque science, chaque art, chaque métier, en composant sa terminologie, marque de son empreinte les mots de la langue commune. En grec, le même terme *(aulos)* signifie « flûte » et « canal », double sens dont nous retrouvons la trace dans le latin *canna* et *canalis*. Supposez maintenant qu'on recueille à la file, comme font nos dictionnaires, toutes ces acceptions diverses; nous serons surpris du nombre et de la variété des sens. Est-ce indigence de la langue? Non. C'est richesse et activité de la nation.

J'ai sous les yeux un dictionnaire français-allemand, où, pour gagner de la place, l'auteur commence par distinguer dans la langue française 234 occupations, sciences ou professions différentes dont il donne la liste et dont chacune est accompagnée d'un numéro d'ordre. Le lecteur est averti qu'il doit toujours se reporter à ce tableau. Quand le mot est suivi d'un 1, il est pris comme terme de théologie, 7 indique l'anatomie, 9 l'arithmétique, 21 l'astronomie, 51 la langue des charpentiers, 188 celle des relieurs, 233 celle du voiturier. Un seul et même mot, par exemple : effet, exercice, conversion, dans le corps du dictionnaire, est suivi de cinq ou six traductions différentes, dont chacune a son numéro. On voit quelle est l'erreur de ceux qui, pour estimer la richesse d'une langue, se contentent de compter les vocables.

Il n'a pas été donné de nom, jusqu'à présent, à la faculté que possèdent les mots de se présenter sous tant de faces. On pourrait l'appeler *polysémie*. Pour le dire ici en passant, les inventeurs de langues nouvelles (et le nombre s'en est particulièrement accru dans ces dernières années) ne tiennent pas assez compte de cette faculté : ils croient avoir beaucoup fait quand ils ont rendu un mot par un autre, ne songeant pas qu'il faudrait, pour un seul mot, en créer souvent six ou huit; ou bien si, dans leur idiome, ils reproduisent la polysémie française, ne donnent-ils pas aux Allemands ou aux Anglais lieu de se plaindre qu'on les fait parler français en volapük?

Comment cette multiplicité des sens ne produit-elle ni obscurité ni confusion ? C'est que le mot arrive préparé par ce qui le précède et ce qui l'entoure, commenté par le temps et le lieu, déterminé par les personnages qui sont en scène. Chose remarquable! il n'a qu'un sens, non pas seulement pour celui qui parle, mais encore pour celui qui écoute, car il y a une manière active d'écouter qui accompagne et prévient l'orateur. Il suffit de tomber à l'improviste dans une conversation commencée pour voir que les mots sont un guide peu sûr par eux-mêmes, et qu'ils ont besoin de cet ensemble de circonstances, lequel, comme la clé en musique, fixe la valeur des signes. Les auteurs comiques connaissent à merveille cette faculté de polysémie qui se trouve au fond des quiproquos dont ils égaient leur théâtre.

M. Darmesteter fait remarquer que des mots à signification abstraite deviennent concrets et finissent par désigner des objets matériels. C'est une observation très juste et qui a l'air de contredire l'opinion généralement reçue que les langues s'avancent de plus en plus dans la voie de l'abstraction. Mais le fait tient toujours à cette même cause, savoir la diversité des milieux. Révérence, qui est le beau mot latin *reverentia*, signifie encore chez nous respect, mais, dans le cérémonial du monde, c'est une sorte de salut et d'inclination. Traitement veut dire la manière dont quelqu'un est traité ; mais pour le fonctionnaire, le traitement est une somme d'argent qui lui est annuellement allouée. Engin, dans l'ancienne langue française, signifie adresse, industrie : « Par force ou par engin ; » mais il est arrivé à être synonyme de machine et d'instrument. Ceci me rappelle un vocable allemand dont l'histoire n'est pas moins curieuse. Le terme courant pour signifier la guerre en allemand, c'est *Krieg*. Mais il n'est pas très ancien en ce sens : il y a trois siècles, il signifiait encore « contention, effort ». Par une curieuse bifurcation, qui a lieu aux environs du xve siècle, il a ensuite désigné, d'une part, une machine propre à monter des poids ou à lancer des pierres ; d'autre part, il est devenu le terme habituel pour signifier la guerre, et il a peu à peu remplacé en cette qualité les anciens mots tels que *Kampf* et *Streit*. Quant à l'autre sens, celui de machine, il a presque disparu de la langue allemande, quoiqu'il ait laissé après lui le verbe *kriegen*, « obtenir avec effort, recevoir » ; mais il a fait son chemin en compagnie de l'objet qu'il désigne, et c'est le vieux mot allemand que nous employons probablement quand nous parlons de l'instrument appelé *cric*.

II

La diversité du milieu social n'est pas la seule cause qui contribue à l'accroissement et au renouvellement du vocabulaire. Une autre cause, c'est le besoin que nous portons en nous de représenter et de peindre ce que nous pensons et ce que nous sentons. Nous voulons parler de la métaphore. Les mots souvent employés cessent de faire impression sur l'imagination. On ne peut pas dire qu'ils s'usent ; si le seul office du langage était de parler à l'intelligence, les mots les plus ordinaires seraient les meilleurs : la nomenclature de l'algèbre ne change pas. Mais le langage ne s'adresse pas seulement à la raison : il veut émouvoir, il veut persuader, il veut plaire. Aussi voyons-nous, pour des choses vieilles comme le monde, naître des images nouvelles, sorties on ne sait d'où, quelquefois de la tête d'un grand écrivain, plus souvent de celle d'un inconnu ; si les images sont justes et pittoresques, elles trouvent accueil et se font adopter. Employées dans le principe à titre de figures, elles peuvent devenir à la longue le nom même de la chose.

Ce chapitre de la métaphore est infini. Il n'est objet véritable ou imaginaire, il n'est rapport réel ou ressemblance fugitive qui n'ait fourni son contingent ; les traités de rhétorique ne contiennent tropes si hardis que le langage n'emploie tous les jours comme la chose du monde la plus simple. Les exemples sont si nombreux que la seule difficulté est de choisir.

En tout temps, le vocabulaire maritime paraît avoir offert un attrait particulier à l'habitant de terre ferme : de là, pour les actes les plus ordinaires, un apport continuel de termes nautiques. Accoster un passant, aborder une question, échouer dans une entreprise, autant de métaphores venues de la mer. Des mots employés à tout instant, comme arriver et aller, ont la même origine. Il ne faut pas croire qu'il en soit seulement ainsi des langues modernes. Le verbe latin signifiant « porter, » *portare*, qui de bonne heure a commencé de disputer la place à *fero*, et que Térence emploie déjà en parlant d'une nouvelle qu'on apporte, signifiait « amener au port ». Il en est resté quelque chose dans importer, exporter et déporter. C'était un terme de marine marchande. Le grec, sur ce point, s'est montré moins novateur, de sorte que *portare* appartient exclusivement à la langue latine. En général, quand l'une des langues anciennes s'éloigne, pour une idée familière, de l'usage de ses sœurs, on peut présumer qu'elle a adopté une expression métaphorique. On sait qu'opportun et importun sont pareillement empruntés à l'idée d'une rive d'atterrissage plus ou moins facile.

Le cheval et l'équitation ont fourni une grande quantité d'expressions figurées. Il en a été composé tout un volume. Elles peuvent se classer par époques, les plus modernes augmentant en nombre tous les jours et étant parfaitement comprises, les plus anciennes, déjà passées à l'état de termes décolorés. On dit, par exemple, d'un homme qui a momentanément, par un coup de surprise, perdu l'usage de ses facultés, qu'il est désarçonné ou démonté ; d'un orateur embrouillé, nous disons qu'il s'enchevêtre dans ses raisonnements, le comparant à un cheval dont les jambes se prennent dans la longe de son licou (chevêtre = *capistrum*) ; nous continuons la même comparaison d'un animal au pâturage en disant qu'il a l'air empêtré *(impastoriatus)*. Embarrassé serait plus poli, mais nous ramènerait à la même idée d'une barre servant d'entrave. Il y a enfin des mots dont personne ne sent plus l'origine métaphorique. Ainsi, travail, qui joue un si grand rôle dans nos discussions économiques, et qu'un écrivain où un artiste emploie couramment en parlant de ses œuvres, conduit encore à cette même image du cheval entravé et assujetti. Grâce au turf, cette fabrique de métaphores n'est pas près de chômer. Nous entendons parler aujourd'hui d'élèves qu'on entraîne et d'amateurs qui s'emballent.

Combien d'expressions, et du genre le plus différent, notre langue ne doit-elle pas à la chasse? Quand, dans un langage familier, nous disons d'une personne qu'elle a l'air déluré, nous employons une figure empruntée à la fauconnerie, l'épervier déluré ou déleurré étant celui qui ne se laisse pas prendre au leurre. Mais dans un tout autre style, quand Pauline, parlant de Polyeucte mort, s'écrie :

> Son sang, dont ses bourreaux viennent de me couvrir,
> M'a dessillé les yeux et me les vient d'ouvrir,

l'héroïne de Corneille se sert d'une image de même provenance, dessiller (qu'il faudrait écrire *déciller*) n'étant pas autre chose que découdre les cils de l'épervier, qu'on avait rendu momentanément aveugle pour l'apprivoiser.

On voit la fortune différente que peuvent avoir, dans la suite des temps, deux termes d'origine identique : un écart si grand s'explique par les étapes successives du voyage et par les accointances, bonnes ou mauvaises, que le mot a eues en route. Dessiller les yeux a été employé dans la langue religieuse : c'est ce qui lui a donné de la dignité et de la noblesse. Grand et inestimable bienfait, pour une nation, d'avoir dans sa littérature un livre sacré, lu et connu de tous ! La langue peut ensuite subir toute sorte d'atteintes : il existera pour elle une source de purification. C'est le service que *the Holy Bible* de 1611 a rendu à l'anglais, la traduction de Luther à l'allemand. Nos grands prédicateurs du xviie siècle ont rendu à la langue française un service analogue. Il y a, au contraire, des coins de la société qui flétrissent tout ce qu'ils touchent, et qui, s'ils s'emparent d'une expression, la rendent ternie et déshonorée.

Comme ces coquilles qui jonchent le bord de la mer, débris d'animaux qui ont vécu, les uns hier, les autres il y a des siècles, les langues sont remplies de la dépouille d'idées modernes ou anciennes, les unes encore vivantes, les autres depuis longtemps oubliées. Toutes les civilisations, toutes les coutumes, toutes les conquêtes et tous les rêves de l'humanité ont laissé leur trace, qu'avec un peu d'attention l'on voit reparaître. Si je parle d'une personne accablée de chagrin, j'emploie trois mots qui ont tous trois par-devant eux une longue et curieuse histoire. Personne nous ramène au masque de la tragédie antique; accablée fait allusion aux machines de guerre que le moyen âge avait empruntées de Byzance; chagrin est le turc *sagri* « peau », et représente une image de même espèce que chiffonné dans notre parler d'aujourd'hui. Cette conséquence dans le style, cette suite dans la métaphore, qu'on recommande avec raison, fait absolument défaut au langage; ou plutôt c'est seulement pour la dernière couche qu'elle est possible et nécessaire : autrement, nous nous interdirions les locutions les plus simples, et la parole deviendrait aussi difficile que l'est le commerce journalier de la vie dans ces religions asiatiques où tout ce qui a vécu passe pour impureté. Les langues anciennes sont, à cet égard, dans les mêmes conditions que les modernes, n'étant anciennes que par rapport à nous, et ayant déjà elles-mêmes reçu l'héritage des siècles. Quand Salluste fait dire à Catilina : *Cum vos considero, milites, et cum facta vostra æstumo* (1),... il ne songe pas plus que nous à l'origine d'expressions qui lui paraissaient toutes simples. Cependant *considero* est une métaphore empruntée à l'astrologie et *æstumo* à la banque. Si nous en croyions les listes de *racines* qu'ont dressées à l'envi grammairiens indous et arabes, nous pourrions être pris de l'illusion que les langues ont débuté par les idées les plus générales. On trouve à tout instant chez eux des racines dont le sens est « aller, résonner, briller, parler, penser, sentir ». Mais c'est notre ignorance d'un âge antérieur qui nous oblige à nous en tenir à ces acceptions. Sans le latin, nous ne saurions pas que plonger, avant de marquer l'immersion d'une façon générale, était une image empruntée au plomb de sonde du navigateur *(plumbicare)*. Briller renferme une comparaison avec l'émeraude appelée béryl : il a remplacé l'ancien verbe latin *splendeo*, qui est lui-même (origine peu distinguée!) une allusion à la jaunisse *(splen)*. Ainsi les peuples renouvellent

(1) « Quand je vous considère, soldats, et quand j'estime vos actions,... »

leur vocabulaire et, en croyant innover, restent toujours fidèles au même penchant, qui est de préférer le particulier au général, et l'expression qui peint au mot décoloré.

Un genre de métaphore particulièrement aimé consiste à transporter l'idée d'un organe à un autre. Un son aigu, une voix chaude, une couleur criarde, une parole amère sont des expressions que tout le monde comprend. Il n'y a presque pas de qualité physique qui n'ait été appliquée à une notion intellectuelle ou morale. On sait quel abus la critique littéraire et artistique a fait de ce procédé. Nous pourrions nous flatter que notre sensibilité s'est affinée et a découvert de nouveaux rapports entre le monde des sens et celui de l'esprit, si depuis des siècles le langage n'avait devancé et prévenu nos écrivains. Il a si bien réussi que d'ordinaire personne ne sent plus sa hardiesse. Qui s'aperçoit que nous passons du physique au moral, quand nous parlons d'un esprit léger et vain, d'une âme dépravée, d'un cœur ferme, d'une intelligence éclairée, d'une conduite droite, d'une société polie? On peut dire que ce genre de métaphore est le fond même du langage, et que l'échange de nos idées tient à cette perpétuelle transposition.

Les recueils de rhétorique ne contiennent catachrèse, litote ou hyperbole dont le peuple ne fournisse tous les jours des spécimens à foison. Un grammairien du xviiie siècle, Dumarsais, a écrit un traité des tropes dont une édition a eu l'honneur inattendu d'être dédiée à Mme de Pompadour. Mais que sont ces exemples recueillis à fleur de sol auprès de ceux que des fouilles un peu approfondies mettent à découvert? Si l'on disait qu'il existe un idiome où le même mot qui désigne le lézard signifie aussi un bras musculeux, parce que le tressaillement des muscles sous la peau a été comparé à un lézard qui passe, cette explication serait accueillie avec doute, ou bien croirait-on qu'il est parlé des imaginations de quelque peuple sauvage. Cependant il s'agit du mot latin *lacertus*, lequel veut dire lézard, et que les poètes et les prosateurs ont maintes fois employé pour désigner le bras d'un héros ou d'un athlète. D'autres fois, le lézard a été remplacé par la souris, ce qui nous a donné *musculus*, mot qui signifie, comme on sait, tantôt souris et tantôt muscle. Cette singulière image paraît avoir eu du succès en tout temps. Littré fait remarquer que dans le gigot de mouton le muscle de la jambe se nomme souris. En grec moderne, le rat s'appelle *mys pontikos* (rat d'eau), ou, pour abréger, *pontikos*. Or, l'adjectif a également remplacé le substantif dans l'autre signification, et *pontikos* désigne le muscle.

M. Darmesteter a essayé de rendre visible aux yeux par des tableaux ou, comme on dit aujourd'hui, par des schèmes, le rayonnement ou l'enchaînement des différents sens d'un mot. Tantôt c'est une étoile, tantôt une ligne brisée. Mais il faut bien se rappeler que ces figures compliquées n'ont de valeur que pour le seul linguiste : celui qui invente le sens nouveau oublie dans le moment tous les sens antérieurs, excepté un seul, de sorte que les associations d'idées se font toujours deux à deux. Le peuple n'a que faire de remonter dans le passé : il ne connaît que la signification du jour. On a ingénieusement rappelé à ce propos ces hardis grimpeurs qui retirent sous leur pied droit le crampon qui le soutenait après qu'ils ont mis le pied gauche sur le suivant. Le linguiste est seul à chercher dans l'usage présent ou passé la trace de ces mobiles échelons.

III

Celui qui, faisant l'histoire de la variation des sens, ne considérerait que les mots, risquerait de laisser échapper une partie des faits ou il courrait le danger de les expliquer faussement. Une langue ne se compose pas uniquement de mots : elle se compose de groupes de mots et de phrases.

Tout le monde se souvient d'avoir lu dans les dictionnaires, en cherchant un mot rare : « Il ne se dit plus que dans cette locution... » Suit ordinairement une expression proverbiale, ou quelque terme technique, ou quelque phrase plus ou moins consacrée. Si l'on veut bien réfléchir sur la cause de ce phénomène, on sera amené à envisager les éléments du langage sous un aspect nouveau. Le lexicographe attribue au mot une existence personnelle et continue à travers toutes les associations et combinaisons où il entre. Le linguiste va encore plus loin : il aime à entourer le mot de sa famille, de ses rejetons, de ses proches et agnats. Mais dans la réalité, dès que le mot est entré en une formule devenue usuelle, nous ne percevons que la formule. Des vocables se sont conservés en certaines associations, lesquels ont depuis longtemps cessé d'être employés pour eux-mêmes, et que nous avons peine à reconnaître, quand on nous les présente hors de cette place unique qui leur est restée. Qu'est-ce, par exemple, que le mot *conteste?* Il y a si longtemps qu'il est sorti de l'usage, que nous serions embarrassés de dire seulement de quel genre il est. Mais nous l'employons encore dans la locution : *sans conteste.* Qu'est-ce, comme nom de couleur, que *bis?* Il désignait autrefois le brun ou le noir. On disait : à tort ou à droit, à bis ou à blanc... L'un veut du blanc, l'autre du bis... C'est l'italien *bigio.* Nous ne l'employons plus qu'en parlant du pain. Demeure, dans le sens de retard, a presque disparu; mais tout le monde comprend l'expression : il y a péril en la demeure.

Ni M. Darmesteter, ni M. Hermann Paul n'ont, à notre gré, assez insisté sur ce point. Ce n'est pas le mot qui forme pour notre esprit une unité distincte : c'est l'idée. Si l'idée est simple, peu importe que l'expression soit complexe; notre esprit n'en percevra que la totalité. On peut même aller plus loin et se demander si pour le plus grand nombre des hommes il y a une conception nette et distincte du mot. Tout le monde sait que les personnes illettrées se laissent aller dans l'écriture aux plus étranges séparations, comme aux plus bizarres accouplements. Cela n'empêche pas que parmi elles il s'en trouve qui manient la pensée avec justesse, la parole avec propriété. Leur intelligence, qui perçoit les masses, n'a jamais eu le loisir d'aller jusqu'au détail. C'est que le langage est essentiellement une œuvre en collaboration. Celui qui écoute y a autant de part que celui qui parle. L'auditeur s'attache à l'idée et réunit en un seul corps ce qui doit être compris d'ensemble. Les missionnaires qui fixent les premiers par l'écriture la langue des peuples sauvages savent combien il est difficile de reconnaître où commencent et finissent les mots. Si l'étrusque a résisté jusqu'à présent aux tentatives de déchiffrement, cela tient en partie à la défectuosité des séparations.

Habitués au service que nous rend l'écriture, nous sommes exposés à nous montrer ingrats envers elle. La nouvelle école des *fonétistes* n'y pense peut-être pas assez, au moins le parti avancé,

— car je ne veux pas tout désapprouver en leur entreprise. Dans nos langues modernes, où tant de vocables différents d'origine et de signification sont devenus semblables entre eux pour l'oreille, le mot ne se grave pas seulement dans l'esprit par le son, mais encore par l'aspect. A défaut d'orthographe, il faudrait recourir à un commentaire explicatif, comme font les Chinois, et comme nous faisons nous-mêmes quand nous disons : le nom de nombre cent, le sang qui coule dans nos veines.

Une fois encadré dans une locution, le mot perd son individualité et se désintéresse de ce qui arrive au dehors. Il n'est donc pas exact de parler, même à titre d'image, ainsi que le fait M. Darmesteter, de la vie et de la mort des mots. Tel ne dit plus rien à l'intelligence, qui continue de figurer dans un contexte où il est perçu non en tant que mot, mais en tant que partie intégrante d'un ensemble. Dans ce réduit où il est confiné, on le voit qui échappe aux changements de la langue, aux révolutions de l'usage et des idées. Nous disons rez-de-chaussée, quoique rez *(rasus)* soit sorti du parler habituel. Faire un pied de nez se maintient en dépit du système métrique. Nous avons toujours des rhumes de cerveau, quoique, aux yeux de la médecine moderne, le cerveau soit bien étranger à l'affaire.

La catachrèse, pour laquelle la linguistique nouvelle semble avoir une sorte de prédilection, n'est qu'une face particulière de ce fait général. Monter à cheval sur un âne n'a rien de plus extraordinaire qu'un beefsteak de cheval. Aussitôt qu'un mot est entré dans une locution, son sens propre et individuel est oblitéré pour nous, comme si c'était le mot d'une langue étrangère. Ces sortes d'incohérences frappent habituellement les étrangers plus que nous, surtout s'ils ont appris la langue, non par l'usage, mais par des méthodes scientifiques. De là le purisme qu'affectent volontiers les étrangers qui parlent ou écrivent le français pour l'avoir appris à l'Université.

On peut tirer de cet ordre de faits quelques réflexions sur la manière dont se modifient et se décomposent les langues. Si l'on s'en rapportait aux enseignements de la seule phonétique, les mots se transformeraient un à un, chacun pour soi, selon son nombre de syllabes, selon la place de l'accent, conformément à des règles invariables. En outre, les désinences destinées à périr s'éteindraient simultanément dans tous les mots de même espèce. La construction se modifierait d'une manière uniforme dans toutes les phrases composées des mêmes éléments logiques. Mais il n'en est rien. Cette régularité n'existe point, parce qu'une langue n'est point un simple assemblage de mots, mais qu'elle renferme des groupes déjà assemblés et pour ainsi dire articulés. Dans les inscriptions chrétiennes des premiers siècles, on voit qu'au milieu d'un latin extrêmement incorrect et déjà à moitié roman subsistent des formules entières d'une latinité très supportable : ce sont les formules qu'un usage quotidien empêchait d'oublier et dont une connaissance préalable dispensait d'analyser et de comprendre les éléments. Un peuple qui désapprend sa langue ressemble un peu à l'écolier qui récite une leçon à moitié sue : s'il y a des morceaux dont les mots ne se présentent qu'isolément et imparfaitement à sa mémoire, il y en a d'autres qui reviennent en bloc et passent tout d'une haleine. Nous observons encore quelque chose de semblable quand deux idiomes se côtoient et se mêlent, par exemple sur les frontières de deux pays; ce ne sont pas seulement des mots, mais des phrases qui vont d'un peuple à l'autre. L'étude de M. Schuchardt sur le mélange des langues en fournit des exemples aussi étranges que variés.

On enseigne, non sans raison, que les cas de la déclinaison latine n'existent plus en français : cependant *leur* et *Chandeleur* sont des génitifs pluriels; sire est un vocatif, fils est un nominatif. Ce n'est sans doute point par un don spécial de longévité qu'ils ont survécu à leurs congénères : c'est grâce aux locutions où ils étaient comme embaumés.

Fèvre, en ancien français, signifie « ouvrier » (*faber*): orfèvre conserve la construction latine. Quand nous disons la grand'rue, la grand'mère, nous parlons la langue du XIIIe siècle. Vrais blocs de latin ou d'ancien français que charrie la langue d'aujourd'hui, sans égard pour les changements survenus dans la grammaire et dans la construction.

Beaucoup de faits qui surprennent à première vue deviennent clairs si l'on a présent à l'esprit ce rôle des locutions dans l'histoire de la langue. Il arrive souvent qu'un mot a l'air de ne pas correspondre exactement à l'idée, parce qu'il est seulement le tronçon ou le débris d'une expression plus complète. En effet, après que l'homme a trouvé un signe pour sa pensée, son premier besoin est de rendre ce signe aussi maniable que possible. De là des abréviations qui peuvent dérouter l'étymologiste, mais qui, dans l'usage quotidien, n'enlèvent rien à la valeur réelle de l'expression. En pareil cas, la partie vaut le tout : souvent même elle est préférable, comme une représentation plus courante et plus commode. On dirait, selon une remarque très juste de M. Darmesteter, que ces locutions ainsi ramassées sur elles-mêmes en ont d'autant plus de sens et de vigueur. Mais il est clair que ces raccourcissements échappent à tous les classements. *Fusil*, dans notre vieille langue, signifie amorce. Ronsard l'emploie encore en ce sens : « Injuste amour, fusil de toute rage ! » Mais on se tromperait si l'on disait que fusil, dans le sens d'arme à feu, c'est la partie prise pour le tout. Non : c'est tout simplement une abréviation pour mousquet à fusil, comme quand nous disons un vapeur pour un bateau à vapeur, ou un remise pour un fiacre de remise. Il n'y a point ici de synecdoque : il n'y a ni extension ni restriction du sens. Le signe convenu a été raccourci et allégé, parce qu'il était devenu assez familier à l'esprit pour qu'il suffît d'en montrer une moitié.

Chacun de nous possède son assortiment de locutions abrégées, intelligibles pour les seuls intimes. Supposez qu'elles soient adoptées autour de nous, qu'elles deviennent d'usage courant parmi toute une catégorie de personnes, qu'elles soient répandues par la presse, ces abréviations pourront un jour prendre place dans la langue. Telle est l'origine de *général*. Il est évident que c'est là, pour désigner un grade militaire, une expression insuffisante. Mais si nous remontons jusqu'au XVIe siècle, nous voyons que la locution se complète en capitaine général. Il y a dans le règne animal des crustacés qui, quand on les saisit par une patte, se laissent tomber à terre en laissant l'ennemi en possession de la patte et en employant les neuf autres à fuir au plus vite. C'est une amputation de ce genre que subissent nos locutions, avec cette différence que la patte nous tient lieu de l'animal entier. Que signifie le nom d'école centrale ? Absolument rien. Il faut ajouter : des arts et manufactures. J'ai assisté à d'interminables discussions sur l'enseignement spécial, et sur le sens que le fondateur avait bien pu attribuer à cet adjectif. Personne, pas même le fondateur, ne s'est avisé de recourir à la charte de fondation, où il est parlé d'un enseignement spécial pour l'agriculture, le commerce et l'industrie. La plus belle époque de notre langue a connu ce jargon. Il y avait canal quand le roi et la cour se divertissaient sur le canal de Versailles. Il y avait caveau quand on jouait chez monseigneur dans la petite chambre ainsi nommée. Ces noms mêmes de monseigneur, de monsieur, de madame, sont des ellipses qui nous cachent un titre plus complet et plus retentissant.

Le linguiste constate qu'en tous les idiomes l'adjectif a une tendance à remplacer le substantif. Cette loi, qui semble appartenir uniquement à la grammaire, en suppose une autre qui appartient à la psychologie et à l'histoire. Quelques exemples vont aider à mieux me faire comprendre. Le français a perdu l'ancien mot qui servait à désigner le foie *(jecur)*, et l'a remplacé par un adjectif signifiant « garni de figues » *(ficatum)*, les foies farcis de figues étant un plat recherché de nos ancêtres. Mais que faut-il conclure de ce changement? Que nous avons ici un mot de la langue des cuisiniers. Ceux qui, dans nos restaurants, écoutent les appels de la salle à manger au sous-sol peuvent surprendre mainte ellipse du même genre. Il est question dans les livres de droit d'un certain genre de prêt qui s'appelle le prêt à la grosse : cet adjectif pourrait longtemps nous laisser rêveurs, si nous n'apprenions par ailleurs qu'il s'agit du prêt à la grosse aventure, sorte de contrat s'appliquant aux risques en mer. Plus on sera au fait d'une profession ou d'un genre de vie, ou bien encore plus on voudra le paraître, plus on usera de cette langue sténographique. Un soldat passe de l'active dans la territoriale. Un homme lancé assiste à toutes les premières. Outre la célérité, il y a dans ces sous-entendus quelque chose qui flatte l'amour-propre, comme l'attrait d'une initiation. Tous les progrès, toutes les inventions modernes en augmentent le nombre. Nous attendons le rapide dans les gares de chemin de fer. Au temps de l'exposition de 1878, on allait visiter le captif des Tuileries. C'est le même procédé dont se sert l'argot. « Cache ta menteuse », dit un personnage de Zola à sa fille qui bavarde. Ces exemples sont pris tout près de nous, empruntés au langage d'aujourd'hui ou d'hier ; mais nous pourrions aussi bien en prendre à l'étranger ou dans l'antiquité. Frère se dit en espagnol *hermano*, qui représente le latin *germanus*, lequel s'employait déjà dans le même sens; mais par lui-même, c'est un adjectif qui signifie « véritable, naturel ». Cicéron, disant dans une de ses lettres familières qu'en une certaine occasion il s'est conduit en véritable âne, se sert de ce mot : *Me asinum germanum fuisse.*

Nous n'avons guère cité que des substantifs ; mais il existe quelque chose de semblable pour les verbes. L'habitude fait que les compléments se sous-entendent et que, de transitif, le verbe devient neutre. C'est la contre-partie de ce que nous avons vu pour l'adjectif devenant substantif. — Exposez-vous ? est une question parfaitement claire pour un peintre. Une femme qui reçoit est admis par l'Académie. Les acheteurs savent ce qu'il faut entendre par un magasin qui envoie ou une maison qui liquide. Notre langue parlée est pleine de ces locutions : si bien qu'on a pu dire que l'abondance des verbes neutres est un signe de civilisation. Quelquefois la locution est allégée par le milieu ; de toutes les sortes d'abréviation, c'est sans doute la moins bonne. Les géologues dissertent cependant sur l'homme tertiaire. En médecine, il est question de paralytiques progressifs. J'ai vu un membre de l'Académie française, parlant de M. Max Müller, l'appeler un philologue comparé. A la Sorbonne, entre candidats, tout le monde sait ce qu'il faut entendre par un bachelier scindé. Barbarismes affreux, si l'on veut, mais quand, en religion, on parle de réformés et de catholiques, l'ellipse, pour être plus ancienne, n'en est pas moins de même espèce.

Nous conclurons qu'en matière de langage, il y a une règle qui domine toutes les autres. Une fois qu'un signe a été trouvé et adopté pour un objet, il devient adéquat à l'objet. Vous pouvez le tronquer, le réduire matériellement : il gardera toujours sa valeur. A une condition toutefois, savoir, que l'usage qui attache le signe à l'objet signifié reste ininterrompu. Reconstruire une langue avec le seul secours de l'étymologie est une tentative risquée, qui peut réussir jusqu'à un certain point pour le commun des mots, mais qui vient se heurter à ce genre particulier d'obstacle résultant des locutions. On le sent bien quand on déchiffre un texte dont la langue ne nous est point parvenue par une tradition restée vivante. L'origine des mots est souvent claire, la forme grammaticale ne laisse prise à aucun doute, mais le sens intime nous échappe. Ce sont des visages dont nous découvrons les traits, mais dont la pensée reste impénétrable. Les langues anciennes que nous connaissons véritablement sont celles qui nous sont arrivées accompagnées de lexiques et de commentaires : le latin, le grec, l'hébreu, le sanscrit, l'arabe, le chinois.

Littré, dans un charmant travail intitulé : *Pathologie du langage*, a réuni un certain nombre de faits du même genre. Nous ne pouvons assez recommander la lecture de ce morceau, qui est un extrait de son grand dictionnaire, et comme un recueil de cas intéressants et curieux (1). Mais, ce que le grand savant français appelle pathologie est le développement normal du langage et l'événement de tous les jours. Les langues ne se prêtent qu'à ce prix à l'expression d'idées nouvelles; il n'y a point là de maladie : quand elles sont arrivées par un circuit à créer quelque terme nouveau, elles effacent le chemin par où elles ont passé. Aussi l'étymologie n'a-t-elle la plupart du temps qu'un intérêt historique. Dans la vie de tous les jours, dans la discussion d'idées philosophiques ou politiques, l'examen des origines d'un mot peut constituer un bon point de départ; mais ce ne serait pas la preuve d'un esprit bien fait d'y insister trop fortement et d'en tirer de trop longues ni de trop importantes conséquences.

Les mots, a-t-on dit avec raison, sont des verres qu'il faut polir et frotter longtemps, faute de quoi, au lieu de montrer les choses, ils les obscurcissent. Le souvenir trop présent de l'étymologie nuit souvent à l'expresssion de la pensée, qu'il risque de troubler par toutes sortes de faux reflets. Le travail des siècles et le bienfait d'une longue suite de penseurs est d'affranchir et d'émanciper les mots, sans cependant les rendre pour cela entièrement étrangers à leurs parents ni à leur lieu d'origine.

Le seul cas où il puisse être légitimement parlé de pathologie, c'est le cas où un mot est employé par erreur pour un autre, soit à cause d'une ressemblance de son, soit par suite de quel-

---

(1) LITTRÉ, *Etudes et Glanures*.

que autre accident. Telle est la confusion qui s'est faite dans les esprits entre vil et vilain. Un cas moins grave est la parenté qu'on croit sentir aujourd'hui entre habit et habillé : ce dernier, qui devrait s'écrire *abillé*, est une expression métaphorique dont la signification est « apprêté, arrangé. » Elle a été d'abord employée en parlant du bois. Nous disons encore aujourd'hui : du bois en bille. Le souvenir de l'ancien sens s'est conservé dans quelques locutions, telles que : habiller un poulet, le voilà bien habillé (1)! Ici encore, nous constatons la fidélité des locutions, lesquelles continuent leur existence sans se soucier du courant général de la langue, sans se laisser entraîner par ses détours ni par ses déviations.

IV

Une langue ne se compose pas seulement de mots et de locutions. Il faut un appareil pour maintenir et contenir ces matériaux, et pour les présenter en un assemblage qui ne laisse prise à aucun doute. C'est là l'office de la grammaire. Nous n'avons pas l'intention de nous arrêter sur ce chapitre bien connu du langage. Mais il existe dans toutes les langues un ordre de faits plus caché, dont il est moins question dans les livres, et qui contribue, de son côté, d'une façon essentielle à l'expression de la pensée. La série d'observations où nous voulons conduire le lecteur est de nature assez délicate. Nous y avons touché autrefois sans épuiser cet important sujet. Il s'agit de l'élément non exprimé dans le langage et de l'influence que l'esprit exerce à la longue sur la forme.

Je commencerai par un exemple très simple. Il y a des langues qui se passent de grammaire et qui remplacent les désinences, les différentes parties du discours, par la rigueur de la construction. Le chinois en est le type le plus connu. Ces langues procèdent à la façon de notre système de numération. Soit, par exemple, un nombre de quatre chiffres, 2738. Que je fasse chan-

---

(1) Nous empruntons cette étymologie à une communication verbale de M. Gaston Paris à la Société de Linguistique.

ger de place ces chiffres entre eux, que je les remplace par d'autres : à la colonne des unités nous garderons toujours des unités, à la colonne des dizaines nous aurons toujours des dizaines, et ainsi de suite. Il y a donc un élément qui, bien que non exprimé, concourt à déterminer la valeur de l'ensemble : cet élément, c'est l'ordre des chiffres. Quelque chose de semblable existe dans ces langues sans grammaire. La place occupée par le mot nous dit qu'il est un substantif, un adjectif ou un verbe, qu'il est le sujet ou le régime.

Cette valeur de position existe plus ou moins dans toutes les langues, et tout spécialement en nos langues modernes. Dans ces deux phrases : Les Grecs ont vaincu les Perses, — les Perses ont vaincu les Grecs, — la valeur de l'ensemble change totalement, quoique les mots soient les mêmes. C'est que l'élément non exprimé ne s'est pas attaché aux mêmes mots. Sans que nous y prenions garde, notre esprit a ajouté à la phrase une sorte d'appareil grammatical invisible.

Mais entre ces deux faits, — l'ordre des chiffres et l'ordre des mots, — il existe une différence considérable. Le système de numération écrite dont nous nous servons est une œuvre de réflexion : il a été le produit d'une pensée qui avait pleine conscience d'elle-même. En outre, cette pensée a poursuivi son but sans se préoccuper des systèmes de numération qui pouvaient être usités antérieurement. Il n'en n'est pas de même pour l'ordre des mots. L'intelligence humaine est toujours la cause, mais une cause qui agit lentement, obscurément, à travers toute sorte d'obstacles, étant contrainte de ménager des habitudes formées en d'autres temps et sous l'empire d'un autre état de la langue. Aussi la régularité de la construction française est-elle loin d'être constante. Il suffit, par exemple, d'un pronom relatif pour que nous trouvions un tout autre ordre : les Perses que vainquirent les Grecs... Ici nous avons gardé quelque chose de l'ancienne liberté. parce que le pronom a lui-même gardé quelques débris de son ancienne déclinaison. Cette appropriation de la syntaxe à un état de choses nouveau est, autant que la variation des sens, une partie de la sémantique. M. Darmesteter, d'après le plan de son livre, n'a pas cru devoir en parler. M. Hermann Paul y fait fréquemment allusion, sans pourtant avoir assez montré l'intérêt de cette marche laborieuse du langage vers un but plus ou moins clairement entrevu. Nous assistons ici à la lutte de la pensée avec une forme devenue insuffisante ; nous voyons comment le plan de la phrase se modifie à mesure que changent les matériaux dont elle dispose. Qu'on nous permette de nous arrêter encore un moment sur ce sujet.

Les parties du discours que distinguent nos grammaires, telles que substantif, verbe, pronom, adverbe, préposition, conjonction, n'ont pas existé de tout temps. Elles sont le résultat d'une longue évolution, dont les dernières conséquences se produisent encore sous nos yeux. Il est vrai que les grandes lignes de démarcation étant tracées depuis des siècles, il ne reste plus aujourd'hui qu'à remplir des cadres tout prêts et à classer définitivement, dans l'une des catégories existantes, quelques exemplaires douteux. Mais en étudiant ces derniers et faibles restes d'indétermination, en observant les motifs qui dirigent le classement, on peut se faire une idée des principes qui ont présidé au développement de notre système grammatical. Le même tour d'esprit qui fait édicter aujourd'hui qu'il faut orthographier : Passé dix heures. Excepté les jours de fête. Vu les articles de la loi. Sauf les cas de dispense, ce même tour d'esprit est celui qui, il y a trois mille ans, a constitué peu à peu la préposition. A première vue, on serait porté à croire que ce sont les subtilités de maîtres d'écoles ou les scrupules de protes d'imprimerie; mais, replacées dans la série des faits, ces prescriptions se montrent comme les humbles mais logiques continuations d'un mouvement qui a été, en son ensemble, d'une grande importance pour toute notre famille de langues.

Guillaume de Humboldt, qui aimait à agiter dans ses écrits des problèmes de cet ordre, dit que nous portons dans notre esprit une sorte de grammaire qui, tôt ou tard, finit par marquer son empreinte sur le langage. C'est ce qu'il appelle *Die innere Sprachform* (la forme linguistique intérieure). Rien n'empêche d'accepter cette expression, mais à la condition de la bien comprendre. Il est bien clair que la forme linguistique intérieure n'est pas un don de la nature, puisqu'elle varie d'un idiome à l'autre, et puisque pour un seul et même idiome elle se modifie dans le cours des âges. C'est une acquisition qui se fait avec la suite des temps, par le travail en commun de tout un peuple, qui se consolide par l'usage, et qui finit par si bien s'imprimer dans notre esprit, qu'à l'ordinaire nous n'en avons pas conscience, et que nous éprouvons une certaine peine à en faire momentanément abstraction. Suivre pas à pas cette acquisition intellectuelle, autant que les monuments parvenus jusqu'à nous le permettent, et en nous aidant de l'observation des autres familles de langues, c'est là une tâche qui appartient essentiellement à la sémantique, et qui présente un intérêt d'un genre particulier puisque le sens ici se soumet la matière du langage.

Ce n'est, d'ailleurs, pas le seul problème de ce genre. En voici un autre non moins curieux.

La mort matérielle d'une désinence n'en suspend point l'usage. Longtemps encore après qu'elle a disparu, le langage y peut faire appel et lui demander des services comme si elle existait encore. Chose remarquable, ces services, la désinence absente continue de les rendre. Bien plus, on voit la fonction grammaticale dont elle était l'exposant se propager, quoique privée de toute expression, en sorte que la portion la plus importante de son histoire est quelquefois celle où elle a perdu son représentant extérieur et tangible.

Cette survivance des désinences peut se constater dans toutes les langues. Un exemple frappant en français, ce sont les locutions comme la rue Monsieur-le-Prince, l'hospice Cochin, l'institut Pasteur. Quoique le français depuis des siècles ait perdu l'exposant du génitif, nous employons ici de véritables génitifs. Bien entendu, pour qu'un fait de ce genre puisse se produire, il faut que la langue ait conservé un certain nombre de modèles. Des expressions comme l'Hôtel-Dieu, l'église Notre-Dame, la place Dauphine ont été le type sur lequel le langage a continué de travailler. Qu'on veuille bien parcourir aujourd'hui une liste des rues et places de Paris : jamais le génitif n'a été plus employé que depuis qu'il est dépourvu de tout signe. Il faut ajouter toutefois que comme cet emploi se borne en général à des noms propres, la conscience populaire a un peu varié en ce qui le concerne, et aujourd'hui elle sent plutôt en ces noms une sorte de baptême qu'un cas marquant la possession.

Je dirai à ce sujet qu'on doit prendre garde de confondre les langues qui ont eu une flexion et qui l'ont perdue avec celles qui ne l'ont jamais possédée. L'anglais, avec une facilité qu'il est permis de lui envier, transforme ses substantifs en verbes. Il prendra, par exemple, le substantif *grace* (beauté) et il dira : *It would grace our life*, « cela embellirait notre vie ». Ce que sent l'Anglais, c'est positivement un infinitif : quoique nullement exprimée, l'idée de l'infinitif se présente sans équivoque à son esprit. La phrase vient se placer dans un ancien moule formé à l'époque de la flexion et qui y survit.

Nous avons quelque chose de semblable en français. Dans cette phrase de la Bible : « Sacrifie-moi ton fils Isaac, » tout le monde sent que *moi* est un datif. Quoique matériellement oblitéré depuis des siècles, le datif subsiste pour notre cerveau. Il a suffi d'un constant usage, aidé de quelques débris plus ou moins reconnaissables, pour en perpétuer la compréhension.

Les différentes langues s'écartent notablement les unes des autres sur ce point. La clarté du discours dépend du plus ou moins grand usage qui est fait de ces survivances. Un idiome tire son caractère de ce qu'il sous-entend aussi bien que de ce qu'il exprime. La juste proportion fait le mérite d'une langue, comme la proportion des pleins et des vides en architecture.

L'allemand présente les tours d'une langue synthétique, quoique beaucoup de désinences aient disparu ou aient cessé d'être reconnaissables. Quand l'Allemand dit : *ein Gott ergebenes Herz* « un cœur soumis à Dieu », c'est un datif qu'il prétend employer. Mais rien ne l'indique au dehors. La difficulté de la langue allemande tient en partie à ces touches qui résonnent seulement pour l'oreille interne.

Ce n'est pas ici le lieu de multiplier les exemples. Mais cette forme linguistique intérieure dont parle Humboldt ne borne pas là son action : elle est, pour ainsi dire, présente à tout le développement du langage, habile à réparer les pertes, à sauver par d'utiles accroissements les désinences en péril, prête à profiter des accidents, prompte à étendre les acquisitions. C'est elle qui a donné à l'anglais son triple pronom possessif *his*, *her*, *its*, dont les langues romanes ne possèdent pas l'équivalent. C'est elle qui a enrichi la conjugaison française de temps que ne connaissait point le latin. Elle fait concourir à un seul et même but des phénomènes d'origine très différente : quelle mosaïque que la déclinaison allemande, quand on en examine les éléments constitutifs ! Elle infuse une signification à des syllabes primitivement vides ou indifférentes ; nos mots en *âtre*, de nuance si prononcée, comme marâtre, bellâtre, doivent leur formation à une simple variante phonétique de la langue grecque.

Nous arrivons de la sorte à une question extrêmement importante et délicate : jusqu'à quel point l'intention a-t-elle une part dans les faits du langage ? Les linguistes modernes, en général, sont très nets pour repousser l'idée d'intention. Tout au plus admettent-ils que des accidents survenus fatalement et sans aucune prévision aient été utilisés d'une façon toute spontanée et inconsciente. Telle est la doctrine de M. Hermann Paul ; encore est-il parmi les plus accommodants. La plupart ne veulent entendre parler d'intervention intelligente d'aucune sorte. Si on leur cite l'action exercée sur la langue par la littérature, par le droit, par l'église, ils ripostent que ce n'est pas la vraie langue et que le jardinage n'est pas la botanique. On se rappelle le brillant paradoxe de M. Max Müller que la linguistique doit être rangée parmi les sciences naturelles. C'est au monde de la nature que nous ramène aussi M. Darmesteter en ses continuels rapprochements avec les animaux et les plantes. Il est certain qu'on a singulièrement abusé autrefois des intentions prêtées au langage, et qu'on lui a attribué dans le détail toute sorte de distinctions et d'arrière-pensées dont il est innocent. Mais l'idée contraire n'est pas moins éloignée de la vérité. Il semble que la linguistique moderne confonde l'intelligence avec la réflexion. Pour n'être pas prémédités, les faits du langage n'en sont pas moins inspirés et conduits par une volonté intelligente. Entre l'acte populaire qui crée subitement un nom pour quelque idée nouvelle et l'acte du savant qui invente une désignation pour un phénomène scientifique récemment découvert, il y a différence quant à la promptitude du résultat et quant à l'intensité de l'effort, mais il n'y a pas différence de nature. Des deux parts la force mise en jeu est la même. L'exagération serait singulière de supposer d'un côté un agent intelligent et libre, de l'autre un agent inconscient et aveugle. Toute l'histoire du langage est une série d'efforts plus ou moins réfléchis, mais partant d'une même source et tendant vers une seule et même fin. Rien ne le prouve mieux que des observations du genre de celles qu'a rassemblées

M. Darmesteter. Ne nous montre-t-il pas constamment l'homme aménageant, exploitant, faisant fructifier le trésor amassé par ses pères ? Si l'homme se trompe quelquefois, et s'il use mal des ressources qui lui ont été léguées, son intervention n'en est que plus visible. Il n'y a point là place pour une force autre que la volonté de l'homme. La sémantique appartient donc essentiellement à l'histoire.

Même cette autre partie, plus matérielle, de la linguistique qui traite des sons, la phonétique, pour laquelle on voudrait aujourd'hui revendiquer, avec l'inconscience des phénomènes physiologiques, la précision des lois mathématiques, n'est pas absolument d'un autre ordre, car c'est le cerveau, tout autant que la glotte et que le larynx, qui est la cause des changements. Au moins faudrait-il faire une distinction entre les phénomènes qui tiennent à la structure des organes et à une impérieuse nécessité de prononciation, et ceux qui viennent de l'instinct d'imitation et de simples préférences. Quelle loi fatale exigeait que le latin *scintilla* fit en français étincelle, au lieu de faire, comme on pouvait s'y attendre, *échintelle*? Sans nous étendre plus longtemps sur ces considérations, qui seraient ici déplacées, disons que ce sont là les exagérations passagères d'un principe vrai et excellent, savoir l'habituelle régularité des phénomènes de la parole. Mais nous ne doutons pas que la linguistique, revenant de ses paradoxes et de ses partis pris, deviendra plus juste pour le premier moteur des langues, c'est-à-dire pour nous-mêmes, pour l'intelligence humaine. Cette mystérieuse transformation qui a fait sortir le français du latin, comme le persan du zend ou comme l'anglais de l'anglo-saxon, et qui, à côté des différences de détail, présente partout sur les faits essentiels un ensemble frappant de rencontres et d'identités, n'est pas le simple produit de la décadence des sons et de l'usure des flexions ; sous ces phénomènes où tout nous parle de ruine, nous sentons l'action d'une pensée qui se dégage de la forme à laquelle elle est enchaînée, qui travaille à la modifier et qui tire souvent avantage de ce qui semble d'abord perte et destruction. *Mens agitat molem.*

M. Darmesteter et M. Hermann Paul ont laissé de côté une question qui était autrefois la première sur laquelle se jetaient linguistes et philosophes : la question d'origine. Ce n'est pas que la science, en atteignant sa maturité, se désintéresse des ambitions et des rêves de sa jeunesse ; mais elle pense avec raison que le meilleur moyen de résoudre le problème des origines, c'est d'abord de bien connaître les époques directement observables. La faculté qui a produit le langage n'est pas éteinte ; elle est seulement réduite à des emplois plus restreints et plus modestes. Celui qui constate de quelle manière les sens se transforment commence à entrevoir de quelle manière ils se sont d'abord développés.

On s'étonnait, au temps de Socrate et de Cratyle, des mêmes inconséquences de langage que nous venons de relever; mais au lieu d'en chercher tout simplement les causes dans l'histoire, on posait sans intermédiaire la question : le langage est-il l'œuvre de la nature ou de la convention? Un problème pareil était agité dans le même temps dans les écoles des brahmanes. Toutes ces longues et mémorables discussions nous en ont moins appris qu'une série d'observations bien faites. Il faut donc souhaiter que la sémantique continue d'accroître ses simples, amusants et instructifs rapprochements; elle nous fait pénétrer dans l'atelier, toujours en activité, où s'élabore la plus populaire et la plus utile des créations de l'homme.

Grandis dans le maniement du langage, dont à chaque progrès de notre raison nous avons mieux appris à mettre en jeu le mécanisme, nous ne soupçonnons ni la puissance ni la complexité de l'instrument. Pour nous en rendre compte, il faudrait, par un effort dont peu d'hommes sont capables, chercher à accomplir directement, et sans le secours des mots, quelque opération mentale un peu compliquée. On verrait alors de quel prix est le langage. Mais il y a encore un autre moyen de vérifier la force de cet agencement : c'est de prendre une page d'un livre et de compter combien de mots correspondent à un objet réel, combien à une pure abstraction de l'esprit. On reconnaîtra que les mots de la seconde espèce dépassent considérablement ceux de la première. Et je ne parle pas seulement ici de ces mots si nombreux, tels qu'articles et conjonctions, qui sont là pour satisfaire aux exigences spéciales du discours; mais je parle des substantifs, je parle des termes qui peignent et qui sont choisis exprès pour frapper l'imagination ou émouvoir les sens. Les descriptions les plus exactes et les plus

frappantes, même celles de nos romanciers et de nos poètes modernes, contiennent quantité de mots qui n'ont aucune vérité objective. C'est que le langage est, à sa manière, une œuvre d'art, ayant ses procédés qui lui sont propres et ses secrets de métier. Il ne représente pas le monde, mais l'impression que le monde fait sur celui qui parle. A la différence de la peinture et de la sculpture, c'est un art où chacun de nous apporte sa part de collaboration et travaille à perfectionner l'instrument. Les générations sont solidaires les unes des autres : des millions d'hommes ont contribué à imprégner de pensée et de sentiment les mots que l'écrivain emploie sans songer à se demander d'où ils viennent ni de qui il les a reçus.

Tels sont quelques-uns des problèmes que traite la sémantique. Le livre de M. Darmesteter est, pour y entrer, un guide sûr et commode. Mais le volume qu'il nous a donné n'est lui-même que le spécimen ou l'annonce d'un grand ouvrage auquel, en collaboration avec un des professeurs les plus estimés de l'Université, M. Hatzfeld, il travaille depuis dix ans : un dictionnaire historique français dans lequel l'étude est particulièrement dirigée sur la suite et le développement des significations. Le jour où ce recueil aura paru, nous pourrons espérer que la sémantique en notre pays aura une base large et solide; en le joignant aux dictionnaires de Littré et de Godefroy, nous posséderons alors le registre raisonné des idées qui, durant l'espace de mille ans, ont germé dans la tête de la nation française. Si l'on y ajoute le vaste domaine des autres langues romanes, comme l'italien et l'espagnol, et si l'on met à l'arrière-plan les mille ans de culture représentés par la langue latine, complétés eux-mêmes par l'évolution des langues sœurs, telles que le grec, l'allemand, le slave, le sanscrit, on aura le champ le plus large et le plus fertile qu'on puisse désirer pour suivre à travers les siècles, dans une race douée comme la race indo-européenne, la constante élaboration du *logos* humain.

IMPRIMERIE CENTRALE DES CHEMINS DE FER. — IMPRIMERIE CHAIX.
RUE BERGÈRE, 20, PARIS. — 16860-7.

Fascicule nº 9 :

Projet d'instruction pour l'installation d'écoles enfantines modèles, présenté à M. le Ministre au nom de la *Société des écoles enfantines.* Une brochure in-8º, imprimée à l'Imprimerie nationale. Prix. 0f 50

Fascicule nº 10 :

Le projet de loi sur l'organisation de l'enseignement primaire (1886), recueil de documents parlementaires relatifs à la discussion de cette loi au Sénat (première délibération). Un fort volume in-8º de 526 pages, imprimé à l'Imprimerie des Journaux officiels. Prix . . . . 3f »

Fascicule nº 11 :

Le projet de loi sur l'organisation de l'enseignement primaire (1886), recueil de documents parlementaires relatifs à la discussion de cette loi au Sénat (deuxième délibération). Un volume in-8º de 391 pages, imprimé à l'Imprimerie des Journaux officiels. Prix. . . . 2f »

Fascicule nº 12 :

La philosophie et l'éducation, *influence des vicissitudes de la pensée philosophique sur l'enseignement public en France;* conférences faites aux élèves de l'Ecole normale de Fontenay-aux-Roses, par M. *Georges Lyon,* professeur de philosophie au lycée Henri IV. Une brochure in-8º de 64 pages. Prix 0f 80

Fascicule nº 13 :

Conférence sur l'histoire de l'art et de l'ornement, par M. *Edmond Guillaume.* Un volume in-8º de 136 pages, illustré de nombreuses gravures. Prix . . . . 3f »

Fascicule nº 14 :

De l'enseignement manuel et professionnel en Allemagne et dans les pays du Nord, par MM. *G. Salicis* et *G. Jost.* Un volume in-8º de 104 pages. Prix 1f 50

Fascicule nº 15 :

Les boursiers de l'enseignement primaire à l'étranger *(sous presse).*

Fascicule nº 16 :

Écoles d'enseignement primaire supérieur, historique et législation. Une brochure in-8º de 80 pages, imprimée à l'Imprimerie nationale. Prix 0f 75

Fascicule nº 17 :

L'Instruction publique à l'Exposition universelle de la Nouvelle-Orléans, rapport présenté à M. le ministre de l'Instruction publique et des Beaux-Arts, par M. *B. Buisson,* commissaire de la section française d'éducation à cette Exposition. Un volume in-8º de 295 pages. Prix . . . . 3f »

Fascicule nº 18 :

Le projet de loi sur l'organisation de l'enseignement primaire (1886), recueil de documents parlementaires relatifs à la discussion de cette loi à la Chambre des députés (session extraordinaire de 1886). Un volume in-8º de 308 pages, imprimé à l'Imprimerie des Journaux officiels. Prix 1f 75

Fascicule n° 19 :

Les colonies de vacances, mémoire historique et statistique, par M. *W. Bion*, pasteur à Zurich ; suivi d'éclaircissements sur l'œuvre des colonies de vacances en France et à l'étranger, et précédé d'une préface par M. *Francisque Sarcey.* Une brochure in-8° de 48 pages. Prix . . **1f »**

Fascicule n° 20 :

Règlements organiques de l'enseignement primaire (session de décembre 1886-janvier 1887 du Conseil supérieur de l'instruction publique). Un volume in-8° de 430 pages, imprimé à l'Imprimerie nationale. Prix . . . . **1f »**

Fascicule n° 21 :

Catalogue des bibliothèques scolaires (sous presse).

Fascicule n° 22 :

Catalogue des bibliothèques pédagogiques (sous presse).

Fascicule n° 23 :

Catalogue des lectures récréatives pour les veillées de l'école et de la famille (sous presse).

Fascicule n° 24 :

Catalogue des périodiques scolaires de tous les pays (sous presse).

Fascicule n° 25 :

Résumé du répertoire des ouvrages pédagogiques du XVIe siècle (sous presse).

Fascicule n° 26 :

Le phonétisme au Congrès de Stockholm en 1886, rapport présenté au ministre de l'instruction publique par M. *Paul Passy.* Une brochure in-8° de 40 pages. Prix **0f 80**

Fascicule n° 27 :

Règlements relatifs à la création et à l'installation des écoles publiques (sous presse).

Fascicule n° 28 :

Pestalozzi élève de J.-J. Rousseau, par M. *F. Hérisson.* Un volume in-8° de 250 pages. Prix. **3f 50**

Fascicule n° 29 :

Le certificat d'aptitude pédagogique (sous presse).

Fascicule n° 30 :

Le certificat d'études primaires supérieures (sous presse).

Fascicule n° 31 :

La bibliothèque circulante du Musée pédagogique. Une brochure in-8° de 14 pages, imprimée à l'Imprimerie nationale. Prix. **0f 50**

Fascicule n° 32 :

Les bibliothèques des écoles normales d'instituteurs et d'institutrices (sous presse).

IMPRIMERIE CENTRALE DES CHEMINS DE FER. — IMPRIMERIE CHAIX, RUE BERGÈRE, 20, PARIS. — 16862-7.

www.ingramcontent.com/pod-product-compliance
Lightning Source LLC
LaVergne TN
LVHW021637170726
843501LV00007B/2271

* 9 7 8 2 3 2 9 6 5 7 5 8 5 *